AF607017
AVERSO

TODAS AQUELLAS PALABRAS

FRANCISCO JAVIER FERNÁNDEZ ESPINOSA

Número 24 de la Colección **PERVERSA**

Todas aquellas palabras

Edición al cuidado de Averso Poesía
www.aversopoesia.com

hola@aversopoesia.com

Primera edición: enero de 2024
ISBN: 978-84-10027-15-2
Depósito Legal: GR 33-2024

Impreso en España - *Printed in Spain*

El papel utilizado para la impresión de este libro está calificado como papel ecológico y procede de bosques gestionados de manera sostenible.

«Somos el tiempo que nos queda»

José Manuel Caballero Bonald

PRÓLOGO

TODAS AQUELLAS PALABRAS O ESCRIBIR POEMAS COMO QUIEN SIEMBRA ESPIGAS

Acercarse a la poesía y desnudarla es un acto de traición, tanto contra el autor de la obra poética como contra el propio acto creativo. Es por eso que la labor de este prologuista va a ser la de acariciar los poemas hasta formar parte de ellos e incluso, por qué no, seducirlos, al tiempo que se deja seducir también por ellos.

Ya lo decía Caballero Bonald, «somos el tiempo que nos queda», dedicatoria con la que Francisco Javier Fernández Espinosa da comienzo a *Todas aquellas palabras*.

Toda una declaración de intenciones, sin duda, de un autor que conoce y comprende, como nadie, los márgenes que circundan la buena poesía.

Somos tiempo, secuencias en busca de consuelo, cheques al portador, deseos, sueños. El verso entonces persigue el calor de los cuerpos, lo sugiere, lo recrea, lo imagina y lo envuelve de brazos entrelazados que no están dispuestos a soltarse.

Así, aunque el amor, cuando es imposible, no pertenece a los hombres; gracias al acto poético, Fernández Espinosa lo humaniza, lo desacraliza, sin perder por ello un ápice de su belleza, convirtiéndolo, por arte de magia poética, en la base fundamental de la razón de ser del ser humano.

Un poema puede ser un mensaje de *whatsapp*, cuando una luz de luciérnagas encriptadas te viste de asombro el rostro, ante la llegada inminente de las palabras de amor en la pantalla.

A través del verso podemos irrumpir en la casa de los abuelos, ahora desolada y plagada de lámparas suicidas, y volver a revivir la infancia. O tal vez buscar en el índice de un libro, un amor que puede que nunca existiera, pero late con fuerza en las páginas escritas del poeta.

Y es que el poema se convierte en recuerdo, suplantándolo, rehaciéndolo, dotándolo de vida. Las sombras son menos oscuras a la luz del verso. La poesía puede acabar con la distancia que va desde el comienzo de los cuerpos hasta el fin de la esperanza. Fernández Espinosa lo sabe. Su verso por eso desgarra y emociona. De ahí que escriba poemas, como quien siembra espigas, con el deseo de que la poesía nos proteja con sus miles de asombros todavía por venir.

Este es el secreto guardado en *Todas aquellas palabras*. La poesía ha de salvarnos. No podemos, ni debemos dejar nuestra vida en manos de aquellos que no saben soñar.

El verso solo ama la luz, si esta ofrece esperanza; aunque no siempre la felicidad nos encuentre en su camino.

Cómo entender si no el poema titulado *1987:*

«Era mil novecientos ochenta y siete.
Mi hermano había muerto sin querer morirse,
con el invierno vertido en los ojos de la última vez
que me miró.
A pesar del tiempo, siempre que lo recuerdo,
hace más y más frío.
Él no sabía nada. No sabía no volver.
Dijo adiós sin saber lo que decía.
Y todavía lo espero».

Cada verso hiere como un cuchillo, por la desnudez del sentimiento y porque la palabra, en las manos de Fernández Espinosa, se hace imagen, símbolo, casi fotografía, que nos instala en el momento preciso de la tragedia, haciéndonos partícipes del mismo. Pero todavía queda la esperanza, aunque sea poética, del reencuentro.

El tiempo que nos queda ya no es nuestro, pero sí lo es del poema. En él todo permanece, porque la vida se ha detenido en el interior de la palabra. Allí podemos habitarla siempre, sin temor al olvido.

Ahora el poeta se entrega del todo. Nos invita a comprender su vacío, mientras nos tiende su mano en el poema que da título al libro, *Todas aquellas palabras:*

«Ven. Asómate a mi vacío.
Mantén firmes los pies en el cielo
mientras tu mano y la mía
se acaban asumiendo.
Si caminamos juntos por el alambre
podremos caer al mismo sitio,
alrededor del perdón
o al cierre de los locales con piano
hasta que se haga de día.

Y la vida se irá haciendo
de todas aquellas palabras
aun sabiendo que tal vez
la poesía no sea suficiente».

Y sí, nos asomamos con los ojos de un niño a la vida que se nos ofrece, al mundo que nos regala Fernández Espinosa, porque su poesía sí es, ciertamente, suficiente.

Ramón Martínez
(Fuente Vaqueros 6/12/2022)

TODAS AQUELLAS PALABRAS

FRANCISCO JAVIER FERNÁNDEZ ESPINOSA

I

ÉPOCAS

Todo

Fueron los dioses del tiempo. Se lo llevaron todo.

Se llevaron las palabras de amor de Ava Gadner
en Madrid, los teléfonos públicos,
las noches sin dormir, el *wild side*, las casetes,
la belleza triste de las bailarinas,
tu manera de merodear a extramuros de mi corazón.
Y la inocencia, siempre sacrificada
para la vida de antes de la muerte.

Éramos tan jóvenes como nunca más seremos
sin reparar en la evolución de lo íntimo,
aferrados a nuestros cuerpos de barro.

Épocas

A Francisco Domene, a quien le debo poesía.

«Vino primero pura,
vestida de inocencia»
Juan Ramón Jiménez

Sabes que vino a ti, primero pura,
vil, sin hogar ni paradero, con
el alma de los animales muertos,
cuando la rosa poblaba oficinas.
Luego, vencida la inocencia antigua,
como la ropa de los niños de
los parques, resistió las inclemencias
de la juventud, de los sueños vanos,
mas abatidas al fin las épocas
y las heridas de la avidez, salió
a las calles y también de mi vida.

Pantomima

El invierno llegó a la habitación
después de muchos silencios de espera.
Vestidos con las promesas del frío
parecía que podíamos sentir
caer la nieve. Pero eran lágrimas.

Canción

Tras alguna puerta alguien hace café.
El lunes reconquista la semana
y se anuncia en la radio del taxista.
Las calles de la ciudad que ayer me
vio perdido son ahora oficinas
para coches y palomas. Los niños
repasan la lección una última vez,
igual que yo aprendía tu dirección,
tu cumpleaños y la duda de si
tu corazón estaba sepultado en
polvo. Si la tristeza solo era una
excusa para vivir de noche. Si
he de decir que nunca estuve aquí,
durmiendo en la escalera, mientras todo
se encomienda al porvenir, a los vasos
vacíos sin preguntas, sin el whisky
de cuando fuiste feliz de repente.

Ritual

«Para todos los hondamente míos»
Aurora Luque

Mi madre musita mientras plancha.
Tal vez esté hablando con los muertos.
Camisas, pañuelos para el duelo,
el mes de septiembre de hace un año.
Todo bien doblado, con la calma
que da una existencia ya pagada
con restos de vida por vivir.

Mensaje de whatsapp

La pantalla se ilumina en la noche.
La luz de luciérnagas encriptadas
reluce en mi cara. *Este mensaje fue
eliminado*. Tal vez no te atreves
a un asalto entre sueños. A decir que
estás dividida como cuando te
atraviesa un paralelo. Que se van
acabando las hojas del cuaderno
donde escribes nuestros nombres en azul.

Cuando fuimos lunes

Cuando fuimos lunes
y buscábamos aún el relieve
de los labios
a pesar de los abrigos y la prisa,
la promesa de no volver tarde
se derramaba por la ciudad.
Cenaríamos, amor, el sudor
frío de los diamantes
y algún clásico del cine
en blanco y negro.

Te emocionaba ver cómo
atrapada en la palma de la mano
Ann Darrow era elevada
hacia los límites del Empire State.

Decías que el amor, cuando es imposible,
no pertenece a los hombres.

Y entonces dormías a la hora exacta
en la que ya nadie podía
deshacer nuestro nudo de brazos.

La casa de los abuelos

La última vez que entré
a la casa de mis abuelos
crucé un umbral de horas hacinadas
en un reloj de polvo.

La cocina hambrienta,
el esqueleto de las camas
y las lámparas suicidadas
habitando ahora donde antes
hubo primaveras.

Aquellos viejos libros de aventuras
que abandoné, yacen ajados
con las letras petrificadas.
Creí ver volar un avión de papel.

Esa vez, solo esa, quise volver a la infancia.

Pasos

Duelen los pasos
cuando el camino es el equivocado.
Parece que andas descalza
sobre las brasas latentes
de mis errores, donde nunca hubo
rosa de los vientos ni fuentes
de agua fresca.

Pero ya estás cerca,
a tan solo una llamada de distancia.

Julia

«Yo conocí tu época dorada»
José Mateos

Julia nunca existió.

Por eso no tenía la voz del silencio liberado
ni todas las mentiras de las despedidas.

Nadie la conoció tan poco como yo
pero quise quererla cuando el tiempo
se quiebra y abandona los relojes.
Cuando nos hace falta la vida
para seguir viviendo
sobre la cicatriz de las palabras.

Julia se alejó igual que cuando se cierra un libro
y tras largos olvidos lo abro
para buscar en el índice nuestro amor.

Niños

Los niños juegan
a hacerse los muertos,
abatidos por falsos disparos.
Llevan la luna en una jaula.
Buscan el oro escondido
como los hombres de cara
cansada de las ciudades.

Están preparados para el futuro.

Martes

Cada vez que vuelvo a septiembre
acudo a buscarte a aquella calle de mil sombras
donde los hombres aman lo que no volverán a ver.

Las horas de un reloj invisible nos reclaman
como estatuas que sobreviven bajo tierra.

Ha sido martes, ha llovido y dicen que hace tiempo
que nadie te ha vuelto a ver por esta calle de mil
sombras
desde que abandonaste los libros de la facultad.
Desde que alguien te contó su sueño
de tener una casa y dos niños,
horario de oficina y un robot para cocinar.

Yo te recuerdo a la vuelta del verano,
cuando de nuevo abrías las ventanas
de tu piso en aquella calle de mil sombras,
para recuperar todo lo que nos quedase de olvido.

Mentira

Cuando te vi, eras quien era yo
en el noventa y seis.
Aquellos veranos de antes
a vida o muerte,
cuando todos éramos furtivos
y el tiempo el más veloz de los caballos.
Vinimos a perdernos
en cualquier camino,
iluminados solo por labios y cuchillos.
Atrévete ahora a decirme que tus sueños
eran mentira.
Los míos se parecían a los aullidos
de una manada de lobos.

Rescate

Los relojes yacen derrotados, sin
tiempo que entregar a cambio de espera.
Todos los límites, fronteras, puertas,
acantilados, cartas de ajuste, están
conmigo confinados en una urna
hipotecada a extramuros de todas
las ciudades que fueron libres en los
libros de historia. Tengo una radio y una
biblia. Tengo que ir a la biblioteca
a devolver un libro de pinturas
de Mateja Petkovic. A encontrarme
con la chica que nunca habla con nadie
y decidirme por fin a preguntar
su nombre. Tengo mil versos pendientes.
También tengo el vértigo recogido,
los días hacinados en las manos
y la duda de dónde empezaba mi
cuerpo y dónde concluye mi esperanza.

Poemas

A Julio Alfredo Egea, maestro y mentor.

Escribo poemas como quien siembra espigas.
Para cuando el polen sea polvo
y alguien haya vendido el mundo.
Para cuando confundamos los hemisferios.

Puede que la poesía nos proteja
y conserve asombros aún por venir.
Que nos abra los ojos como cuando amanece
y los labios de después del beso.

Escribo poemas como cuando fui feliz
sin que nadie lo supiera.
Cuando el corazón estaba lleno de flores
y en un ave reconocí a Julio Alfredo Egea.

Número de Euler

Al final, el mundo era un lugar
donde resistir al asedio del tiempo.
Como en una caverna, el amor
gotea con la frecuencia
del número de Euler dentro del pecho
y sigue su curso a través del cuerpo
igual que dios irrumpió
en el metaverso del Parnaso.

Cuando se dice adiós, los cuerpos caen
como hojas secas en el jardín del Edén.

Nadie nos dijo que la poesía
hubiese de salvarnos
tras dejar la urgencia de vivir
en manos de quien no sabía soñar.

Pasolini

«Adoro la luz sólo si no ofrece esperanza»
Pier Paolo Pasolini

No hay descanso en el oficio
de existir, de ser hombre.
No hay paz en las cartas
de los soldados,
en el nervio de los relámpagos.
En la belleza destructiva.

Y luego, ese cielo tan allá,
tan infestado de plegarias.
Nada cabe en las manos vacías
de quien guardó tanto tan poco,
acaso astillas de hierro
y alhajas de soledad.

Rotas e inolvidables, las palabras
se parecen a los pájaros
desordenados del alba
posados en esos renglones
de los cables eléctricos,
como poemas aleatorios
buscando la pasión según Pasolini.

1987

«Hasta aquella que tiene la estatura de un niño»
Luis Rosales

Era mil novecientos ochenta y siete.
Mi hermano había muerto sin querer morirse,
con el invierno vertido en los ojos de la última
vez que me miró.
A pesar del tiempo, siempre que lo recuerdo,
hace más y más frío.
Él no sabía nada. No sabía no volver.
Dijo adiós sin saber lo que decía.
Y todavía lo espero.

A los que aman

Calle Músico José Ayala Cantó,
Agustina de Aragón, Mulhacén
y Alhamar.
Buscaba un taxi hacia la utopía
y entonces llegabas tú,
con la vida invisible
del aroma de los lirios.
La gente con el color de los peces
es intangible tras la ventanilla.
El tiempo que nos queda
ya no es nuestro
ni tampoco esta lluvia
que humedece los labios de la ciudad.
Cuando llegue la noche
hablaremos con los ojos
sin atrevernos a guardar silencio,
con la tristeza de Isabel Coixet
aún colgada de la pantalla del cine.

Loewe 7

En ocasiones el azul es tan intenso
que parece inexplicable a los hombres vivos.
Habría que ser divino, tener las alas
de mil pájaros y la gracia olvidada de
la que prescinden los cuerdos, para comprender
que la luz puede descomponerse y ser todo
y absolutamente nada al mismo tiempo que
tú caminas indiferente en la mañana.

También podrías inventar un camino, un
perfume o alguna pobreza maravillosa
para vencer esta piadosa existencia de
ciegos, que no pueden ver porque no miran, el
milagro habitual de la existencia tuya y mía,
de ellos, de vosotros y de esta luz celeste.

Cómplices

«La tristeza ha venido como un buque vacío»
Francisco Umbral

Porque somos de quienes
nos buscan en los días averiados.
De quienes se enamoran
de nuestra ruina
como si paseasen por Pompeya.

Igual que cuando Miguel Hernández
recitó su duelo por Sijé
subido en una mísera escalera.

Qué desconocidos fuimos
si tan solo llegamos a amarnos.
También debimos ser
cómplices en la decadencia.

Sin sueño

«Morir, dormir:
dormir, tal vez soñar».
W. Shakespeare

Ahora debería estar soñando.
Pero sin embargo el mundo giraba
tras los párpados, o eran mis ojos de
mármol antiguo buscándote dentro,
Cuando el amor no tiene maletas se
puede ir cualquier mañana de diciembre
y las habitaciones se convierten
en laberintos con salida siempre
en un cuadro distinto de Edwar Hopper.

Ahora debería intentar soñar.
Caminar dormido por las ciudades
que visité y se quedaron pausadas,
con sus días de fiesta, catedrales
de cartón piedra y vidrieras, tranvías
de otro siglo y pobres con periódico.
Miro con desconfianza el brillo de la
luz, como si fuera oro esparcido por
los ojos para ocultar la tristeza.
Los relojes no tienen sueño, aúllan,
gimen, como animales insomnes con
hambre de tiempo y perpetuidad viva.

Ahora debería soñar, tal vez dormir.

Sígueme

«Beban por mí, beban a mi salud...
yo ya no puedo beber más»
Pablo Picasso

Con el deseo en desorden
puedes venir hacia el mediodía
con toda tu nostalgia incrustada en las pupilas,
con la memoria hambrienta
de todas las veces que lo pensamos.

Niña de manos lentas,
sígueme hasta las últimas palabras
de Pablo Picasso,
a los lugares donde me arrancaste
de raíz como una espiga fuerte y débil.
Donde no necesitamos cuerpos
de león ni de gacela. Donde todo
pueda ser imposible.

Te espero en cualquier lugar al que llames patria.

Pasado

Cada vez más débil
el pasado me propone
encontrarnos en ninguna parte.
Imagino que también
citará a Aamin Maalouf
ante el fin del mundo
y eso hace que quiera ir,
para recordarle cuando una hora al día
era un día de una hora.
Para decirle que cada vez
nos matamos menos en aquel empeño
de morir en todas nuestras vidas.

Sarah en Milán

A mi ahijada
Vi voglio bene

Llegaste sin huir de ningún sitio.
Aún sentías el tacto del adiós
en las palmas de las manos.

En esta ciudad de providencias
debes estar dispuesta
a los adverbios sin tiempo.
Las calles tienen aroma a luz de plomo,
a cappuccino y estatuas calladas
mientras que la Cerchia dei Navigli
se derrama por las pupilas.

El eco de pasos te seduce
al caminar sobre los mosaicos
de la Galería Vittorio Emanuele
donde el amor se parece al cristal
y te ves reflejada.

Las palomas levantan el vuelo
en la Piazza del Duomo.
Tu sonrisa ya no es de monosílabos
perché la felicitá era quella.

Todas aquellas palabras

Ven. Asómate a mi vacío.
Mantén firmes los pies en el cielo
mientras tu mano y la mía
se acaban asumiendo.
Si caminamos juntos por el alambre
podremos caer al mismo sitio,
alrededor del perdón
o al cierre de los locales con piano
hasta que se haga de día.

Y la vida se irá haciendo
de todas aquellas palabras
aun sabiendo que tal vez
la poesía no sea suficiente.

Noche de Reyes

Era la noche de Reyes.
Tus labios de ceniza
esperaban un último deseo.
Huimos de las tiendas
para encontramos bajo los ojos
de las farolas,
dispuestos a conocernos de nuevo
con el olor de los bares cuando cierran.

Mientras, los niños dormían deprisa.

Felicidad

Era una casa pequeña
al lado de la carretera.
Allí vivíamos, con el dolor leve
de los tiempos revueltos,
tú y tu mirada interminable
de Lawrence, y yo,
y mi manera de alterar
los espacios del día.
Como todo el mundo
teníamos fotos junto al mar,
ibuprofeno, confesiones,
cosas por hacer
y algunos verbos cancelados.

Como todo lo que se pierde,
cuando volvimos a encontrar
el amor, ya no nos hacía falta.

Árbol

Encina de *La Peana*, 2022.

Cuando sea un árbol
moveré mis ramas
con la lentitud de la voz de Dios.
Mi corazón estará grabado
por el filo de un puñal
de antiguas guerras
y en las primaveras que se sucedan
el joven soñador y el anciano cansado
buscarán cobijo bajo mi sombra.

Cuando sea un árbol
habré visto Manhattan, habré vivido la carne
y caminado sobre dos siglos.
No olvidaré mi desengaño hacia los hombres,
que como flores muertas
vagan a merced del viento perverso
de la codicia y el sufrimiento.

Cuando sea un árbol
mis hojas serán las hojas de un libro.

Noelia

«No te dejes morir»
Manuel salinas

Desprende de mí esta melancolía
que se nos aferra a los huesos
como si fuese tristeza.
Quién puede imaginar semejante
olvido para aquellos días
alrededor de sus cosas.
Dime, muerte, si lo atraviesas todo,
dónde abrazaremos su silencio.
Dónde habré de buscarla de nuevo.

II

MALDITO POETA

«Tú no sabes quién soy pero has oído mi nombre»
Burning

Táctica para abatir gigantes

Pero no siempre fuimos
como ahora, perplejos
al vuelo de las aves,
viviendo como si la tierra
fuese tan plana que nos
convirtiese en cualquiera.
Hubo un tiempo, lo sabes,
en el que desde más arriba
también me pensabas
y yo, lo sé, imaginaba
la táctica para abatir gigantes.

Espinas

Hay venenos que apetecen igual que
tus veinte años y la luz otoñal de
Lisboa. Aún me duelen las espinas
cuando se impone el tiempo de los tallos
cortados de las rosas que alguna vez
amaste y amamos sin pertenecernos.

Penumbra

Para no olvidar ninguna
de mis vidas —los números
irracionales de la edad—
suscribo este epílogo
de hojas caídas
cuando de nuevo el mundo
se parece a tus lugares.
No pretendo el invierno ajeno
de otras memorias,
solo asumir el reflejo fiel
de quien se asoma al espejo
antes de abandonarse,
con la certeza de saber
que ya estaba allí
desafiando al tiempo
desde un rincón en penumbra.

Tenía que ser en un día de lluvia

Llegas morena, uniendo
los días, los lunes, el jueves,
la primera vez y siempre
desde antes de hace tiempo.
Tenía que ser el día
del sí de las niñas, cuando llegas
venenosa, como en una canción
de Iván Ferreiro para encontrarte
en todas las habitaciones.

Poblada de asombros, en un día de lluvia
ya eras mi alguien. Más allá había dragones.

Últimos días de J. Quintero

(spoiler 04/10/22)

Vas a morir.
A pesar del arte, del ayuno
lento de quien se sabe huido.
De los besos robados
a las manzanas tiernas del árbol.

Aunque florezcas
cuando te dejen plantado
o gires en el sentido
contrario al tiempo,
vas a morir.

Ahora, en la cama desalmada
de una residencia
muere contigo tu nombre.
Te atraviesa el último
viento de levante y la herrumbre
del olvido.

Y el hombre, maldito, tan capaz
de la miseria.

Silencio absoluto.

Fundido a verde.

Cigarros

Su voz era la misma
que la de todas las guerras
pero después disimulaba
con una sonrisa sin dueño.
Vivía de vez en cuando
entre cigarros y revoluciones,
siempre en el bando derrotado,
donde reventaban los sueños
como los insectos contra el cristal,
así, con la compasión febril
de la poquedad, igual que cuando
se queman libros y abrazamos
a prostitutas, igual que quien
dispara al aire desafiando al mundo.

Nunca cumplió su palabra
de perderse en el olvido.

Perdónales

Sostienes el presente con las manos,
en este momento de paz y de hambre.
Hoy también buscas un poema con los
labios vacíos, igual que cuando antes
esperaban amor y un cigarrillo.
Como en una canción triste de Sabina
los sueños se fueron marchitando sin
pedir permiso. Año tras año el final
del verano llegaba a Verano Azul.
A ti te esperaba en casa un armario
con su ropa de domingo y su fuego
apagado. El dormitorio huido de
los hijos ausentes. Perdónales. No
saben que este poema es parte de sus
vidas, del aniversario secreto
en una ciudad que pudo no existir.

Baldío

Es probable que ya seamos costumbre.
El orden alterado de la alegría.
Es probable que también
alcancemos más allá de
cualquier incendio baldío.

Tú y tu muerte siempre a cuestas
tras mis pasos, descalzos, sedientos,
agotados de amarnos en un silencio
lleno de ecos y el rumor del mar.

Y en el egoísmo de quererte despacio
también a veces fuimos felices.

Tenemos que hablar

Nada es como parece
cada vez que decimos adiós.
Ese instante de quiebra
se vuelve angosto,
cuando aún he de hablarte
de la gratitud, de aquellos poemas,
de cuando fuimos felices
en el gol de Iniesta.
De los días antiguos
donde no te conocía.

Este estar tan cerca y lejos
nos hace nuestros y de nadie.

Demolición

Con mi soledad me basta.
Bueno, con mi soledad
y tu cercanía, casi fricción
tectónica para próximos
derrumbes. Abre los brazos
para anticiparnos a la caída
que intentaré ser preciso
en esta demolición programada.

Pequeño pueblo

«Y me mantengo firme gracias a ti, poesía,
pequeño pueblo en armas contra la soledad»
Javier Egea

Aquellas casas desordenadas
del pueblo, cada una más sincera
que las otras, fueron el hogar
donde nuestra infancia se fue
corrompiendo como una pieza
de fruta demasiado madura,
dulce pero tan frágil que
nadie puede remediar su final.

(Todo ha cambiado para adorar
un paisaje alineado en el orden
de milicia urbana uniformada,
maquillada a la moda de las
pequeñas aspirantes a ciudades)

(¿Ya ardió para siempre el último brasero?)

Hasta el latido limpio del aire
parece distinto cuando vuelvo a
esa calle donde tantas veces
caí al suelo, jugando a no querer
jugar, prendado por la falsa luz
de quienes ya fumaban junto
a las chicas forasteras que iban
y venían por nuestros sueños.

Nadie es como se era por entonces
con un paquete de Fortuna en
el bolsillo y el aroma doloroso
a Brumel, esperando que los coches
corriesen veloces por la pista de
choque. Sin presente, esperábamos
vivir otras vidas mientras que el tiempo
se iba huyendo de esos cuerpos ingratos,
padecidos, carcasas de candidez
trémula para aventuras caducas.

Cerezos

Ella vino a buscarme
desde donde nunca habíamos
estado. Con un fuego
de amaneceres y cuaresma
que abrasa sin suplicio,
igual que los cerezos
cuando florecen benévolos
y se muestran al mundo.

Redención

En mi poema preferido
aparecería escrito
todo lo que me gusta de ti.
Podría leer las veces
que estamos tan confundidos
como el tráfico en hora punta.

En ese poema, donde se explica
que se puede tener todo
y al mismo tiempo nada,
es probable encontrar días
ambiguos y soldados de terracota
en el fondo de algún corazón.
Si me conoces lo poco que has
de hacerlo, puedes acercarte
a mi final del mundo
cuando pierdo la fe
y después, casi de inmediato,
vibrar pleno de amor bilingüe,
ser feliz al abrazarte cuando llevas
puesta la camiseta de Gasol
en los Lakers, sin reparar
en más vidas de las necesarias.

Y sobre el fracaso, solo habrá
unos versos necesarios
para alcanzar la redención.

La verdad

Te llamaban verso libre.
Solía verte desde lejos
cada vez que atravesabas
por en medio de los sitios
y de mi vida, con un aura
imprecisa pero absoluta.
Siempre con las manos vacías
esperaba tu plenitud,
el gozo resplandeciente
que iluminara mi camino
hacia el trazo de estas letras,
hasta que supe mirarte
sin esperanza, nada más
que abandonado a tu sueño.

Te llamaban verso libre
pero tú eras la verdad.

Nodriza

A quien corresponda,
entrego sin condiciones
hasta el último de los colores
que germinan en mis adentros,
con la única condición
de ser amado si alguna vez
me vence la muerte.

Puede que ya sea
de cualquier parte
o de ningún sitio.

Para Edipo

Si tú eres Edipo y yo soy tu espejo
prefiero que nunca mires mis ojos.
Nunca pongas tus manos cubriendo mis
manos. Nunca me señales de frente.
No te alabes ante mí ni florezcas
porque entonces tú serás el espejo.

I was here

«Toma este vals con la boca cerrada»
Federico García Lorca

I was here, dijo Dylan
al llegar a Granada,
camuflado en el luto perenne
de una tristeza lunar.
Andaba como abatido
por disparos invisibles
envuelto en los pasos
de un mísero vals
de muerte y de coñac.

Y después cantó
como si todos estuviesen vivos.

Confundido

Te confundí con una de mis vidas.

Te confundí con otro de mis sueños.
Con una posibilidad ausente.
Con la eternidad errada del tiempo.

Me confundiste con tu flor de un día.

Nos confundimos al ser semejantes
dentro de este mundo de confusiones.

Veinte

«Guardo cuatro billetes de tren»
Ángeles Mora

Si te dijera que han pasado veinte años
sobre nuestros relojes parados.
Veinte años de ausencias a pesar de vernos,
de no volver a tu calle, de no recogerte jazmines.

Cuatro lustros frente a frente en el silencio,
en las antípodas, en los mapas de carretera.
Evitando siempre la canción prohibida,
las ganas de tener ganas, las personas que nos
conocen.

Había palabras comunes, nuestras, de nadie más,
palabras para llamarnos, para escribirnos
todo aquello que nos atravesaba los cuerpos.

Veinte años. Veinte maneras de escapar
del tiempo, de las partidas perdidas ante el deseo
y unas fotografías de nadie que se apagaron
en el imaginario oscuro de la memoria.

No has de decirme nada. Tampoco yo lo haré.

Paisaje

Una silueta, que podría ser la tuya,
se adivina vespertina más allá
de donde pueda acudir a ella.
Parece que habla con alguien,
que se sostienen la mirada,
que respiran cerca, donde nada en mío.

Están cerrando las tiendas,
dos amigos consultan en Google
cualquier cosa,
hay guerra en Ucrania,
los niños ensucian su ropa
y una silueta, que podría ser la mía,
se está difuminando de este paisaje
que parece no saber ya nada de mí.

Friends

Y como en el capítulo final de *Friends*,
el plano se centra en la puerta cerrada
de una casa vacía, igual que mis ojos
ahora que vuelvo a donde fuimos felices.

Aquí dijimos adiós a las flores,
adiós a cualquier cosa, a cualquiera
de nosotros. Y desde aquí iniciamos
el rastro de nuestras pisadas de elefante.

El tiempo continúa y se transforma.

Primer Mandamiento

«¡Oh dichosa ventura!»
San Juan de la Cruz

Y como todos debíamos creer en Dios
nos olvidamos de creer en nosotros.

Milana bonita, ¿has volado cerca
de esa paloma que dicen pura?
¿Por qué vuelves a posarte en mi hombro
si puedes quedarte en el cielo?

Cuando la zarza se quema y nos quema
ni el gozo ni la alabanza se halla en nos,
acaso el amor siempre ha de ser herida,
obscuridad elemental en el existir
para quienes siempre somos lacayos.

Si por morir no muero, que al vivir sí viva.

50 aniversario

«Cosas y tiempo se requieren»
Inma Pelegrín

Soy un poco poca cosa,
incluso menos que nada
que cualquier objeto, abalorio,
péndulo. Soy poco que menos
pero más que nada
cuando me yergo casi éneo
sobre los restos profundos
de aquel que era, cristal,
distancia, esperanza,
vulgar Sansón hoy, armado
con una quijada
para no caer vencido
ante el medio siglo.

Poeta

Si has consagrado el tiempo
a una soledad tan larga como la vida
no decaigas, esperan tu paso atrás,
la retirada, que te escondas de nuevo
en la trinchera. Si tu adiós es constante
a pesar de la primavera, si sabes
que has de secarte igual que el lirio,
escribe los versos del miedo
maldito poeta. Poeta maldito.

Apología de lo delicado

Si tú también te salías de los bordes
al colorear un corazón
aprendiste que la vida se derrama
de entre cualquier límite.
Como en el dilema de Tadzio,
entre el amor y lo eterno,
aquellos bañadores de rayas azules
vestían nuestra esperanza,
a veces cuerpo y otras sueño.

Cuando nada es nuestro,
nada es tuyo y nada es mío.

Herrumbre

Aunque hable solo estoy solo.
Por más que grite, cante o suplique.
Estoy solo cada vez que me veo solo
mientras pago la factura de la luz,
cuando escribo a las editoriales
y les ofrezco palabras
tan hermosas como *herrumbre*.
Más allá de las oraciones, de las mentiras,
de los refranes costumbristas,
también estoy solo en los bazares,
en las películas de terror,
ante el dolor que más duele.

Pero ante el amor no estoy solo.

Noche de San Juan

El humo asciende al cielo
con la prisa de la muerte
mientras yacen las brasas
expuestas a su apagarse.
Turbada, coges mi mano
y parece que el tiempo
podría pararse ahora
cuando el fuego (nos) quema.

Nadar

Cuando era un niño
soñaba con nadar.
Sumergirme entre capas
de agua como quien se tapa
con una manta marina
hasta ver las estrellas
de ese cielo tan profundo.

Era el verano de un año perdido.
Ya escribía poemas.

Ambulancia

Cuando la vida
se te va saliendo del cuerpo
el tiempo se desangra
en una hemorragia de espinas,
de cosas aún por hacer,
de duelos aún vigentes.
Un beso en la frente no basta
ni coger fuerte la mano
porque no me conoces ahora.
Si supieras que las sirenas
aúllan tan fuerte
que hasta los lobos huyen
—tú, tan discreta siempre—
serías capaz de ruborizarte.
Pero estás pálida,
con la cara del color de la luna
que esta noche nos abre paso
por los semáforos de Granada.

Parte meteorológico

El hombre del tiempo
—como si el tiempo fuera suyo—
nos advierte de posibles anticiclones
para mañana, a la misma hora
que llegas cansada del trabajo,
el pelo recogido y el uniforme blanco,
las ojeras y la sonrisa
al cerrar la puerta con cuidado.
La belleza a veces es tan humilde
que cuesta desprenderla
de cuando acuestas a quien te coge
de la mano con noventa años.
Existen otras formas
de contar lo que nos pasa,
por ejemplo el silencio,
mandar una foto del atardecer
desde la terraza
y respirar hasta huir de nuevo
en el ascensor de la mañana.

III

CAÓTICO

Hablamos

«El amor no es lo importante.
Por eso importa»
Lara Moreno

Hablamos de cosas que no existieron.
De lo que la gente dijo sobre ti
cuando yo estuve cerca de nosotros.
Hablamos de pasajes para un viaje
imposible que solo pretendía
llegar lejos. Cuando nada sucede
en el amor, los generales deben
entregar las armas sin condiciones.
Podemos guardarnos nostalgia. Pensar
en escribirnos un mensaje cuando alguien
diga un nombre parecido al nuestro. Tal
vez soñar con coincidir en un vagón
del tren perdido más lento del mundo.

Moras frescas

«Los gatos lo sabrán»
Cesare Pavese

Hace mucho tiempo
de su sonrisa,
cuando la noche era solo
de los gatos
y de repente, encontrábamos
un espacio para nuestros
cuerpos de sombra.
Sin la ropa de la edad
se nos paraban los pulsos
en un ensueño
de moras frescas y saliva.
El alma se hacía nube
hasta que el silencio
se quebraba con el rumor
de algún coche perdido.
Entonces volvíamos
a la luz de otras vidas.

En aquel lugar hoy he visto
una casa con las puertas cerradas.

Quédate

Querías ir a ese país
donde la gente se besa en las calles.

Escribíamos nuestra juventud
en las paredes de la fábrica abandonada
mientras la tarde se sucedía de nuevo.

Me contabas que querías ir
a ese país donde la gente
camina compartiendo un paraguas
y el deseo a veces no tiene nombre.

Estuve tan cerca de decirte al oído
cosas que podría haberte dicho,
quédate, por ejemplo.

Yo empezaba a darme cuenta
de que escribir en las paredes
de la fábrica abandonada
era la única manera de amarte.

En la cocina

Para que la pasta quede al punto se
necesita la paciencia de siete
minutos, una hoja de laurel en el
agua hirviendo y hablar solo mientras abro
una botella de vino. Busco una
copa alta y espero con inquietud a que
suene el teléfono. Ya sabes que no
me gustan las entrevistas. Decir que
el poeta es la parte débil de la
poesía y que porta una carga de
campanas y duelos como los de los
labios que esperan a los vagones de
soldados. Ya sabes que necesito
tener miedo al miedo, ¡ay Tarara!, para
seguir viviendo como anochecido.

Primavera

Cuando conocí a Van Morrison yo era
alguien que buscaba un nombre y una cama.
Nunca pude hablar con él pero su voz
lo dijo todo sin hablar conmigo,
con el tono del whisky con acento,
cuando llega la tarde y lentamente
la lentitud viene y se queda al lado
en el bar, en las carreteras. Cuando
te quedas a vivir en una canción
y saben donde volver a buscarte
—en *Starting a New Life*— a cualquier hora.
Y después, tú y yo nos confesamos en
una fotografía desenfocada.
Pasó el tiempo y le pusimos nombre a los
meses. Y también pedimos deseos.

Quiero dedicarte la primavera.

Corazón de manzana

Nunca supe rendirme a tiempo
para escapar sin heridas en tu empeño
de viajar conmigo por las cuatro estaciones,
cerca de tu corazón de manzana
y las páginas marcadas con lápiz
de algunos libros viejos.
Esta es mi verdad antes de que sea mentira,
cuando el dolor estático de las antenas
se consume en silencio contra los cristales
de la ventana y nuestras miradas
se cruzan y no se rompen.

Sequía

Como la espalda de Arcimboldo enfermo
se expande un cauce de peces de limo
sobre la piel abandonada de la
rambla. Las raíces del taray absorben
fuego y alquitrán del centro de la tierra.
Ahora solo quedan plegarias de
plástico y desgarro, de estiaje hiriente
para hacer mosaicos de brea amarga.
No bebas del vaso vacío. De la
fuente disecada. El cielo está yermo.

Humuvia

Sin que nadie lo sepa
vuelve a buscarme al otro lado
del miedo, donde nadie te conoce.

Encontrémonos en una página
cualquiera del Libro de Buen Amor.
Tras el ruido de las preguntas
y la humuvia sobre lo extenso
cuando el pasado es un país muy lejano.
Cuando los gigantes no alcancen
a los sueños ni se pueda iluminar
la ciudad de la luz.

Y sin que nadie lo sepa,
vuelve a buscarme tras lo absoluto,
donde nunca fuimos nada.

Epitafio

Busqué la palabra como una fiera
rodea a su presa.

Como una ciudad sin luces
se ofrece al amanecer.

Busqué la palabra para estar vivo.

Precipitado

Puede resultar precipitado. Ten
fe en lo poco que me desconoces y
únete para siempre o hasta el domingo
a las líneas de este libro hambriento.

No quiero ser el soldado que muera
de frío en las trincheras de febrero.
Solo voy a esperarte mientras el tiempo
encuentra una causa para nosotros.

Seamos quienes nunca fuimos nunca.

Rebeca

«La vida mancha»
Rebeca Jiménez

He intentado olvidarte a la hora de la lluvia.
Después he leído las páginas amarfiladas
de aquel libro que compraste en Londres.
El hilo silencioso de una rebeca
sobre los hombros en otoño,
sirve de escudo ante la vida confusa.
El tiempo insiste en abatirnos con venenos cotidianos
y permanece como un ave atrapada en el espejo,
levantando el vuelo cuando nos acercamos.

A veces vencido, regresas a mis sueños
y despierto de nuevo ante el laberinto de la ciudad
aunque cada vez más lejos y más lacerado.
Voy y vengo desde el que fui hasta quien soy
y siempre llego al mismo sitio.
La manzana del paraíso sigue estando madura.

Es hora de dormir.

Cuerpo

Te debía unos versos,
amigo que lo has sido
sobre mis propios huesos.
Cuando las fieras aúllan
te pregunto dónde,
cómo, cuándo caímos
en las redes del amor.

Si llegase la hora
en la que hubiera que hablar de mí
no me defenderé más allá
de la sombra de mi nombre.

Tan lejos la infancia.

Cuando cruce la eternidad
dime quién vendrá conmigo.

8 de la mañana

Antes de decidir equivocarme
y emprender el camino opuesto al tuyo,
adquiero la inercia de un péndulo que
oscila entre todas las palabras sin
destino, errantes en el laberinto
de las mariposas que vagan entre
cenizas de niebla y casualidades.
Estoy lleno de semillas para la
voz con la que se recuerda a los muertos,
al *voyeur* de las casas de muñecas,
al marinero que no sabe vivir
en tierra. Hay quien conjura la verdad de
lo imposible, respira hondo, cruza los
dedos y espera el resto del día a que
suceda un gesto luminoso de dios.

Nosotros solo nos esperaremos.

Matrioshka

Como la culpa que está dentro de otra
culpa y el rencor que se hará más grande que
el rencor del opuesto y el perdón que no
llega porque no encontrará otro perdón.
Como negarle el agua al enemigo
porque no tienes agua ni tu sed es
la misma sed que la de tus enemigos.
Y escribir versos para la redención.

Caótico

Quiéreme sin amor
con el pulso de un reloj de cuerda.
Y si dices mi nombre
es probable que suene igual
que un mal negocio.

Ahora que sabes
que todo es verdad
cuando es mentira
puedes sentirte libre.

Viajemos juntos por el caos
de esta vida sencilla.

Última fila

Cierra el bar. Estoy contigo.
Aún te guardo aquellos secretos
que como el credo de una revolución
clandestina
se hacinan entre mis huesos
de octubre,
igual que cuando nos sentábamos
en la última fila de clase
y tú y yo éramos tú y yo.

Road song en la autovía A-1

«He intentado a mi manera ser libre»
Leonard Cohen

Yo tenía un volkswagen blanco
en el que subías para viajar a ese
lugar al que no llegamos nunca.

Con apenas cinco litros a los cien
galopaba incansable a nuestro
albedrío, cuando te miraba y
parecía que tu alma estaba
poblada por palomas sucias.
Que la palabra más tuya estaba
entre los límites de mi esqueleto
y el resplandor invisible del miedo.

La noche se mide en deseos
cuando la única luz es la mentira
o la promesa de la felicidad.

Hoy conduzco un coche más veloz,
con ordenador de abordo y GPS.
Pero no puedo volver al pasado.

Arquitectura

Porque te pienso y no te escribo.
Dudo de mí mismo cuando me acerco
a tu arquitectura con espíritu
de tabaco porque sabes mirarme
con la urgencia del último fósforo.
Aguardo la bendición de tus manos
antes de que abandonemos las pieles
muertas del presente a los pies de la cama.

Después volveré a vivir sin los
que viven sin mí.

La puerta cerrada

No todo es amor.

Hay días tan largos
que parecen alimentarse
de el tiempo perdido
o de mi dolor escondido
hasta que encuentra la voz
y la puerta cerrada.

Llevo el silencio
pleno de palabras
y escribo misericordia,
bondad, olvido,
pero sin embargo leo
jamás, sentencia, vacío.

Dama de Baza

Baza, 21 de julio de 1971.

Sepultada en varias vidas, la dama
sostiene la mirada al tiempo con un
silencio de piedra. Cubierta por un
mar de tierra, empapada en la aridez que
deja el polvo en el olvido, como una
diosa que renace, emergiendo altiva
tras siglos ausente al cielo de Basti.

Propuesta

Supongamos que hemos
de conocernos.
Que debemos inventar nuestra verdad.

Aprendamos a encontrarnos
en los días treinta.
A que no nos falte amor
a final de mes.

Y cuando sea necesario
marchitémonos
igual que un actor
se desprende de sus vidas,
para quedar nada más que con hambre.

Solo soledad

Quiero explicarte en qué consiste
la soledad, que compartas —al menos una vez—
la lentitud del arder sin querer,
los confines del vacío, como en una
radiografía del hombre invisible.

Mujeres

«¿Y si Dios fuera mujer?»
Mario Benedetti

Hay mujeres que mueren
solo una vez,
después del bocado a la manzana,
de la rutina de los buenos días.
Después de que su sombra
recorra la fachada de un gran edificio.

Hay mujeres que mueren
antes de que les llegue la muerte
porque el miedo atraviesa sus días.

También hay mujeres
que no mueren
aunque estén muertas
porque su luz sigue prendida.

Sinfonía para un menor de edad

A mis sobrinos Rafa, Celia y José Juan

Cuando te falten las fuerzas y la voz
no sea suficiente para decir que
estás afligido. Cuando la lucha
más grande sea la lucha contigo. Cuando
por tu nombre no seas querido ni por
tu sombra acompañado, conocerás
que habrá quien no encuentre esperanza en tu
sonrisa de libertad, quien no quiera
traspasar el umbral de tu tristeza.
También sabrás de quien arroje rayos
contra tu inocencia y te llame amigo,
hermano, compañero. Atravesarás
en soledad los caminos largos de
la vida y entonces podrás decir que has
conseguido saber quien eres ante
los lobos y las rapaces del miedo.
Entonces podrás ser feliz sin mesura,
sin permiso, sin rencor, recordando
que escribí este poema para ti.

Existencia

«Yo soy el Paraíso»
Pablo García Baena

Para que yo pueda ser quien soy
he de cumplir solo dos condiciones.
La primera es la de vivir
rápido los siglos lentos,
como un dios breve
de pequeños milagros.

La segunda condición
es la de quedar partido en dos
cuando nos separemos.
Parece entonces que el viento
nos atraviesa las vértebras
y que somos amor sin amor.

Nadie nos conoce mejor que el tiempo.
Por eso quisiera hablarte de mí.

Chamán

Hoy es uno de esos días
en los que no quisiera volver a verme
deambular por el mapa general
de tu desorden
cruzando nuestra soledad.

Cuando uno todos los fragmentos
de nuestro vacío
confinados en la caja metálica de galletas
y deseo prender fuego con ellos.

Cambiar de vida

Para cambiar de vida, primero habré
de perder tu rastro. Huir sin darme
cuenta. Convertir el espejo vivaz
en un autorretrato pretérito.

No sé perderme sin mí, sin la piel del
maniquí que quiso ser soldado de
plomo. Quiero escapar de la verdad vil
de la guerra. Quebrar la espada estéril
de cuando fui Gulliver. Quiero huir de
las pensiones marchitas donde alguna
vez estuvo mi soledad. Y vivir
en vida lo que escuché en tus canciones.
Conquistar la piedad. Emprender rumbo
hacia donde crezcan libres las rosas.

Quiero cultivar palabras sin miedo
a que esquilmen mi sembrado. Amar como
un giróvago en la primavera. Amar
a los niños que se escapan del tiempo.

Bib-Rambla

No siempre fuimos amigos.

Decían de ti que vivías
en un portal con número impar.
Que frecuentabas el mercado
de San Agustín y La Trastienda

Cuando llovía, llevabas un paraguas
con la noche estrellada de Van Gogh
atravesando la tarde nublada.
No te había visto, pero te veía a lo lejos
con la distancia habitual
entre la tierra y el cielo.
En la parada del autobús
revisabas los mensajes del móvil
hasta que llegaba el 10.

En Granada, todos morimos un poco
desde que lo dijo Juan Ramón,
y en aquel momento puede que tú
sintieses lo que yo sentía.
Y como si las cosas ocurriesen
sin necesitar argumentos
nos conocimos en Bib-Rambla.

Ahora somos dos convalecientes
a la espera de la misma cura.

Agradecido

«Estos días azules y este sol de la infancia»
Antonio Machado

Cuándo encontraremos la paz del tiempo.

Cuándo quedará compensado tu
miedo a morir más allá de la muerte.

Si te dijera que me encuentro a veces
traspasado por las luces y los
nombres indefensos de las ciudades,
al otro lado de los números de
teléfono, de los aforismos y
la vida aquella que solo parece
una alegoría inmediata de la
ausencia. Si te confesara estar
agradecido por aquellos días
tan azules y ese sol de la infancia,
es posible que también te diga que
hemos de volver para acabar de irnos.

El amor puede ser un ajuste de
cuentas o un corazón de yeso envuelto
en cotidianas capas de pan de oro.

Solo tengo todo aquello que he dado
pero desconozco si es suficiente.

Decir cosas

De madrugada, alguien
me ha llamado imbécil
en las redes sociales.
No me conoce.
No le gusta quien soy,
lo que estoy diciendo,
mis amigos, mi manera
de resolver el tiempo.
    (No somos nadie sin un *hater*)

He sentido el miedo hueco
del amor cuando nos abandona.
La tentación de doblegarme
ante la vida y su exceso de muerte.

Como una corriente alterna
tóxica, ferrosa, podrida,
se exhibe a la rosa triste
sentada en el pupitre de la humillación.
La estrella del asqueroso video
que vieron vuestros hijos.

En estos días en los que la vida
se va tan deprisa
la pólvora es más rápida que la palabra.

¿Acaso es así la verdadera libertad libre?

Atrás

Si pudiera volver atrás,
a cuando subías al coche
y cantabas *aunque tú no lo sepas*,
con el sabor del nuevo amor
brotando de los labios
y unas décimas de fiebre
necesarias para el poema.
Si pudiera volver
a la vida de los sábados
por la mañana
antes del café y de las preguntas
sería yo quien primero preguntara,
o tal vez adivinase, o supusiera
si la felicidad era algo parecido.
Después, como ahora,
porque es imposible mantener el siempre
en el mismo sitio,
llegan otras cosas a nosotros
que al fin y al cabo
solo somos quienes somos
en esta historia que algún día
acabará sin remedio.
Pero volvamos al principio.

Fuerte

«Oh qué dura, feroz es la frontera
de la belleza y el dolor, ni un dios
puede cruzarla con su cuerpo puro»
Antonio Gamoneda

En este papel es donde
he de sentirme fuerte,
donde me revelo
a los algoritmos del miedo,
a la muerte en vida de los infelices
que quieren tocarnos con sus manos sucias.
En este momento
soy el etrusco en la batalla de mármol
de un friso eterno.

En este momento, ahora,
digo en voz alta sueña, vive, ama.

Nota al margen

«Perteneces —lo sabes— a esa raza estafada
que el dolor acaricia en los andenes»
Ángeles Mora

Perseguía tus dedos sobre el piano
igual que cuando se pisa
un rayo de luz o buscas
la calma oteando el mar delirante.
Después, el ocaso pausado
hacia el luto de la noche
y la semivida onírica de siempre.

El amor ha vuelto a derrotarnos.

Indulto

Te conocí la noche de más frío.
Me esperabas al final de una sonrisa
como si supieras verte con mis ojos.
    Tu labio ya era la mitad de mi beso.
Atravesamos todas las líneas
que van a ninguna parte
hasta que hoy te escuché
cantando en la cocina.
        Hemos sobrevivido.

En el libro de mis culpas
he escrito que hace tiempo
indulté a mis amantes
para quedarme contigo.

«El amor es así: nunca avisa
y como los alegres marineros,
canta canciones tristes»

Manuel Salinas

ÍNDICE

II. Maldito poeta

III. Caótico

Este libro se terminó de editar en Granada
en enero de 2024 por

www.aversopoesia.com
hola@aversopoesia.com